styles d'aujourd'hui

rangements

remerciements

Karen McCartney
Mille mercis à Catie Ziller pour m'avoir commandé cet ouvrage, à Sibella Court et Hugh Stewart pour leurs superbes illustrations, à Anna Waddington pour m'avoir aidée à tout organiser, et à Marylouise Brammer pour la simplicité et la modernité de la maquette. J'aimerais également remercier mon merveilleux mari, David Harrison, pour avoir patiemment supporté mes absences !

Sibella Court
Je souhaiterais remercier Dee Court pour son grand talent de couturière et son dynamisme, Chris Court pour ses maquettes et ses dons de bricoleur, et Peter Court pour sa livraison d'échelle.

L'éditeur souhaite remercier les sociétés suivantes pour les accessoires et vêtements fournis à l'occasion de cet ouvrage : Calibre, SABA, Empire Homewears, Papaya, IKEA et Acorn Trading.

styles d'aujourd'hui

rangements

sibella court et karen mccartney
photographies de hugh stewart

KÖNEMANN

sommaire

introduction	6	la salle de bains	42
		l'ordre avant tout	44
le séjour	8	un bon départ	49
une touche personnelle	10		
le juste équilibre	15	les repas	52
		la cuisine	54
la garde-robe	20	des idées nouvelles	59
la meilleure approche	22		
des solutions sensées	27	le ménage	64
		les tâches domestiques	66
au travail	28		
le bureau	30	le repos	72
la chasse aux papiers	35	la chambre	74
les bricoles	38	le rangement des jouets	79
		index	80

introduction

Ce livre est un ouvrage peu ordinaire sur le rangement : il n'offre pas de solutions globales pour organiser l'espace, mais propose plutôt une multitude d'idées judicieuses adaptées à notre mode de vie quotidien. Nous sommes tous, d'une manière ou d'une autre, entourés de « choses » diverses, qu'il s'agisse d'objets que nous affectionnons et collectionnons, ou d'articles indispensables à la vie quotidienne et que nous devons maintenir en bon ordre pour ne pas perdre la raison. Cet ouvrage est divisé en sept chapitres – séjour, habillement, travail, bain, repas, ménage et repos – et englobe toutes sortes de solutions de rangement simples. Toutefois, le terme de rangement correspond à ces suggestions, qui tiennent souvent plus de la décoration que de la mise au placard : présentés de façon détournée, les objets de tous les jours n'ont pas besoin d'être soustraits au regard et peuvent contribuer au caractère et à la décoration d'une pièce. Grâce à son approche innovatrice, cet ouvrage plein d'astuces vous offrira une multitude d'idées nouvelles pour ordonner votre univers domestique.

le séjour

une touche personnelle

Nul doute qu'un environnement ordonné favorise le calme et la sérénité, mais l'ordre ne devrait toutefois pas s'imposer au détriment du plaisir et de l'individualité. Notre intérieur reflète notre personnalité, nos goûts et nos expériences, et il est important que les choses de notre vie nous entourent le plus agréablement possible. Il ne s'agit pas de tout jeter pour ne garder que le minimum vital ; il n'y a rien de tel, en effet, qu'un désordre discipliné. Même en adoptant une rigueur purement minimaliste, il est possible de conserver des pelotes de ficelle et de vieux boutons, à condition de leur attribuer une place propre. Les idées de cet ouvrage suivent toutes ce principe. Ainsi, des souvenirs de vacances au bord de la mer sont rassemblés dans un bocal à confiture dûment étiqueté puis, placés sur un rebord de fenêtre ensoleillé, deviennent une mini-installation artistique. Ou encore une boîte en Plexiglas munie de cloisons en carton accueillera des recettes de cuisine extraites de magazines, leur garantissant ainsi un emploi plus fréquent. Toutes ces idées s'attachent à encourager une approche créative de notre espace vital et de notre vie quotidienne : comment arranger des objets aussi courants que les livres et les magazines, mettre en valeur une collection de cartes postales, ou rassembler les factures en un seul et unique endroit. Une semaine passée à contrôler votre mode de vie et à noter vos frustrations (perte des clés de voiture, disparition de la télécommande, découverte de l'invitation à un vernissage déjà passé, etc.) vous aidera à définir vos besoins. Améliorer son espace – et sa santé mentale – peut être aussi simple que de fixer un crochet près de la porte d'entrée, confectionner une pochette pour la télécommande ou un tableau de liège pour les invitations.

Une pile de livres uniforme repose sagement sous une table basse

un bocal à souvenirs
Procurez-vous un bocal à confiture et remplissez-le de vos trouvailles : galets, plumes et coquillages. Collez une étiquette avec le lieu et la date.

l'herbier
Pour fabriquer un herbier, superposez du contreplaqué, du carton ondulé et du papier blanc, puis fixez le tout avec une solide toile à sangle, disponible dans les surplus américains.

le classeur
Mêlez ancien et nouveau : des cloisons rétro en carton dans une boîte en Plexiglas pour ranger graines, recettes, tickets de caisse ou autre.

le porte-revues
Procurez-vous deux longues pièces d'étoffe solide – calicot, coutil ou toile – et cousez des poches latérales suffisamment larges pour contenir des journaux ou des magazines roulés. Clouez ou vissez au mur.

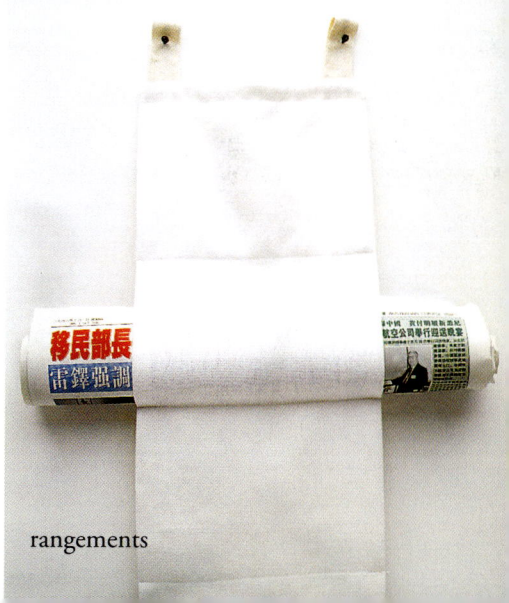

rangements

le juste équilibre

Il est important de faire coïncider votre système de rangement avec le design et l'esprit de votre intérieur. Visuellement, les intérieurs où l'on a su associer la fonctionnalité et l'aspect décoratif sont les plus attrayants.

En adoptant une approche homogène, vous aurez beaucoup plus de chances de créer un espace agréable à tous points de vue. Un minimum de réflexion est bienvenu, sinon indispensable, quand il s'agit de ranger et de disposer, car le simple fait de réinventer et de repenser l'usage conventionnel des objets peut ajouter du caractère à un intérieur.

Une pince en bois collée au mur pour les tickets de caisse, une table roulante d'extérieur surmontée de livres d'art, une vieille échelle servant de bibliothèque, une ancienne valise remplie de CD, etc., ne sont que quelques exemples de la façon dont on peut marier l'ancien et le neuf pour créer une nouvelle dimension.

En adoptant cette façon de voir les choses, vous découvrirez vite le potentiel des objets qui vous entourent. Un petit tour à une brocante locale ou dans un magasin de bricolage vous donnera plus d'idées encore : un vieux berceau en bois pourra recueillir les bouteilles à recycler, une étagère industrielle en aluminium pourra abriter une collection de magazines, et de vieilles bouteilles en verre pourront servir de vases. Avec un peu d'imagination et de savoir-faire, la transformation des objets et l'association des styles deviendront vite un jeu d'enfant.

Une vieille échelle en bois accueille une pile de livres

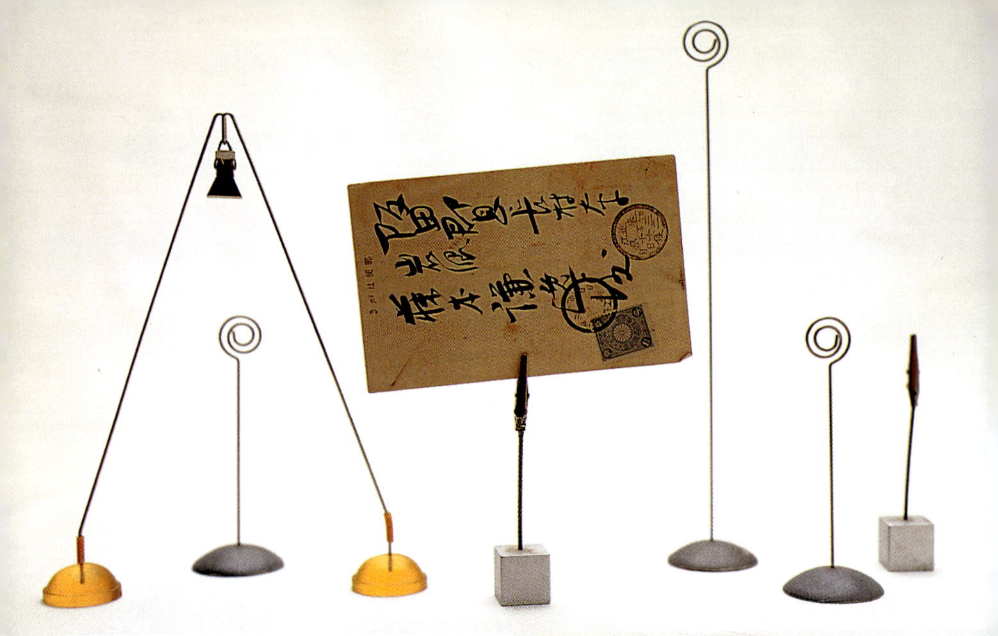

le porte-cartes postales

Un assortiment de porte-cartes postales remplacera ingénieusement la tablette de cheminée pour exposer vos invitations, cartes et images favorites.

la pince-clip

Collez une pince ancienne au mur avec un pistolet à colle, ou fixez un aimant au dos pour la poser sur le réfrigérateur. Utile pour vos pense-bêtes, listes de courses et factures.

rangements

la housse à poche

Les cubes en panneaux de fibres (médium ou MDF) font d'excellents accessoires pour les intérieurs décontractés. Adoucissez-en l'aspect en les personnalisant avec des housses en lin munies d'une poche latérale pour ranger les magazines.

malles à CD

Fréquentez les marchés et les boutiques en quête de mallettes ou de vieilles valises en cuir. Celles-ci constituent d'astucieux range-CD empilables, que l'on peut aisément transporter le temps d'un week-end. Leurs dimensions variant, vérifiez qu'elles sont suffisamment profondes.

cubes empilés

Achetez-les neufs ou confectionnez-les en médium, et protégez-les avec un produit étanche. Alignez-les horizontalement pour former des étagères basses, ou verticalement pour exposer vos céramiques préférées. Ils peuvent même servir de cloison dans une pièce.

plateau roulant pour plantes

Simplifiez-vous la vie en entreposant vos livres et magazines sur un plateau roulant pour plantes en pot. Cette idée se prête tout particulièrement aux espaces restreints, où la mobilité et l'accessibilité sont primordiales.

le porte-images

Étendez une sangle d'un point à un autre et utilisez-la pour y suspendre cartes postales et autres images. Ici, les trombones sont en bambou, mais des trombones ordinaires font l'affaire.

le range-CD mural

Les range-CD du commerce peuvent être montés sur un mur. Choisissez un modèle en aluminium léger et fixez-le à l'aide d'un crochet et d'un peu de colle. Vous pouvez en installer un, deux, trois…

rangements

la meilleure approche

Rien, ou presque, ne traduit aussi visiblement notre personnalité, privée et publique, que la façon dont nous nous habillons. Entretenus (ou négligés) et choisis dans l'intimité de notre foyer, c'est à l'extérieur que les vêtements reflètent les individus que nous sommes. Ainsi, les malheureuses combinaisons vestimentaires résultant d'un manque de linge propre sont à proscrire absolument. Le soin que nous donnons à nos vêtements se voit au premier coup d'œil, et le rangement joue un rôle non négligeable dans leur entretien quotidien. Pour la plupart d'entre nous, les vêtements sont comme un iceberg : le dixième visible est actif – en mouvement permanent entre la buanderie, la garde-robe et notre corps – tandis que les neuf-dixièmes restants gisent enfouis au fond d'un placard, rarement exposés. Pour maintenir l'efficacité et l'accessibilité de votre garde-robe, obligez-vous à suivre une procédure régulière de délestage (débarras, vente, don ou recyclage). Adoptez la règle selon laquelle un article qui n'a pas été porté depuis trois ans doit être jeté. C'est dur, mais nécessaire. Ensuite, classez vos vêtements en trois catégories : ceux qui peuvent être temporairement rangés car ils ne sont pas de saison, ceux que vous utilisez rarement (vêtements de sport ou articles ayant une valeur sentimentale) et ceux que vous portez souvent et qui doivent être accessibles. Rangez les articles des deux premières catégories, et disposez le reste au mieux.

sac à chaussures en organdi

rangement d'hiver
Les vêtements saisonniers pourront être rangés dans un sac de calicot (les fibres naturelles sont idéales, car elles laissent les vêtements respirer) dûment étiqueté.

les pinces métalliques
Une rangée de pinces à dessin métalliques peut être fixée à l'intérieur d'un placard (avec de la colle forte ou des clous) pour suspendre des ceintures et autres accessoires.

sur roulettes
Un casier en plastique transparent sur roulettes servira à ranger les affaires d'hiver, enveloppées et protégées dans des housses. Il pourra facilement être glissé sous le lit.

la boîte à chaussures
Collez une pince sur le devant d'une boîte empilable (de la taille de vos chaussures) et glissez-y une description imprimée du contenu de la boîte.

rangements

des solutions sensées

Un rangement efficace contribue de façon essentielle à l'organisation d'une garde-robe. Par manque de place en effet, les vêtements finissent presque inévitablement empilés par terre ou sur le dossier d'une chaise. Dans le choix d'un système de rangement fonctionnel, le bon sens, la commodité et la facilité d'emploi sont prioritaires. Pour beaucoup, une penderie est encore synonyme d'encombrement. Si les placards intégrés forment une solution évidente et tentante, certaines installations et accessoires « industriels » ouvrent la voie à toutes sortes de nouvelles options. Un vestiaire métallique professionnel, associé à divers casiers en plastique sur roulettes, constitue un système de rangement mobile, fonctionnel et bon marché. Les paniers métalliques, les boîtes recouvertes de jute ou le carton fort et les caisses en bois rendent très bien. Bien sûr, ce type de rangement implique une totale visibilité des articles, et un effort d'organisation supplémentaire sera nécessaire. Triez vos vêtements par longueurs, couleurs ou types. Mettez un seul article par cintre, de sorte que l'unique chemise qui soit assortie à votre pantalon préféré ne soit pas dissimulée sous trois autres. Les chaussures ont une fâcheuse tendance à se multiplier (sport, soirée, travail, loisir…) et doivent avoir leur propre coin rangement. Les souliers sont un indicateur du soin que vous apportez à votre apparence : la négligence apparaît très rapidement. Bien que désuets, les embauchoirs sont très utiles, tout comme les sacs à chaussures qui protègent des éraflures. Quand on s'habille, ce sont souvent les plus petits accessoires qui rendent fou : une chaussette manquante, un soutien-gorge introuvable, un bas filé. Débarrassez-vous de tout ce qui est usé ou élimé, et regroupez vos articles dans des sacs en tissu individuels étiquetés.

De vieux portemanteaux convertis en porte-cravates

au travail

le bureau

Que vous travailliez chez vous ou que vous ayez simplement besoin d'organiser votre intérieur, le coin bureau s'impose. Bon nombre d'appartements modernes comprennent une alcôve, conçue pour un ordinateur et des rangements, et dissimulée par des portes coulissantes. Dans les intérieurs plus anciens, toutefois, il faut se contenter d'une partie de pièce, ou réserver une petite chambre à cet effet.

Les espaces multifonctionnels étant de plus en plus courants, la flexibilité est à l'ordre du jour : un lieu de travail diurne doit pouvoir se transformer en coin repos la nuit.

Visuellement, le coin bureau doit refléter le style de la pièce. Un sens de l'ordre étayé par un espace rangement adéquat l'empêchera d'avoir l'air d'un champ de bataille. Utilisez de vieilles boîtes à archives de même couleur et de même taille, et étiquetez-les clairement. La mobilité est une considération de taille : l'emploi judicieux de plates-formes basses sur roulettes (pour les imprimantes), de tables roulantes (pour le papier, les livres et les documents) et de casiers à roulettes (pour les classeurs) permet de ranger dans les coins et sous les tables.

Un paravent léger et facile à déplacer sera également utile pour séparer le coin bureau du reste de la pièce.

Casiers mobiles identifiables à la photocopie de leur contenu

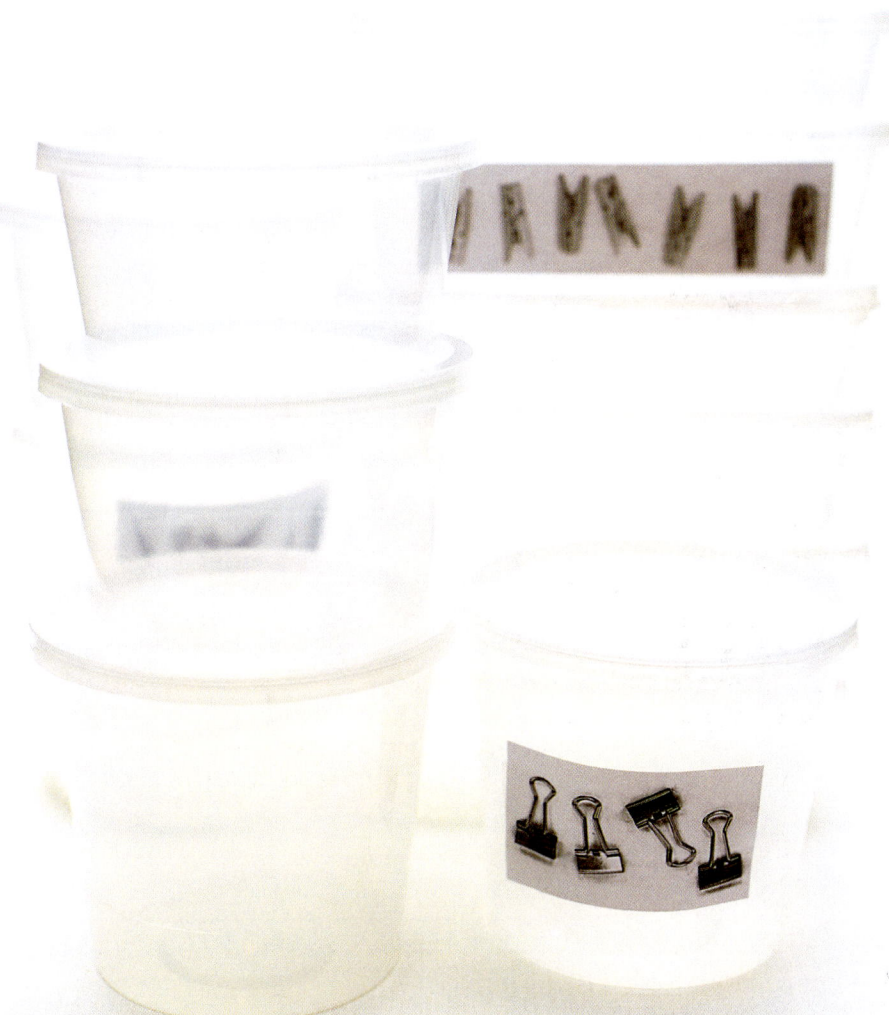

un support sur roulettes

Idéal pour glisser une imprimante sous un bureau, ce chariot est réalisé à partir de médium, vaporisé de peinture brillante et sur lequel ont été fixées des roulettes.

le porte-crayons

Décorez des boîtes de conserve vides en collant du papier journal chinois, puis couvrez celui-ci de plastique autocollant pour le protéger.

rangements

les classeurs symétriques

Les classeurs font un bel effet en groupe. Ceux-ci, recouverts de carton, s'achètent en papeterie et existent dans une large gamme de couleurs.

les plateaux de rangement

Des mots au marqueur, et voici des plats à four transformés en accessoires de bureau. Pour réutiliser les plateaux, effacez le marqueur à l'alcool à brûler.

rangements

la chasse aux papiers

Bon nombre de nos petites angoisses découlent d'une ordonnance égarée, d'une facture de téléphone impayée ou d'un relevé bancaire introuvable. Plusieurs des idées qui suivent proposent des options « au jour le jour » afin de ne pas vous laisser submerger par les papiers. Elles offrent des solutions quotidiennes, hebdomadaires ou à long terme, qui ne nécessitent aucun effort. Du sac en papier cloué au mur pour recevoir les tickets de caisse au piège à souris rétro pour recueillir les factures, toutes sont à portée de main et faciles à utiliser. Il vous faudra, bien sûr, régler vos factures, mais au moins, vous saurez où elles sont !

Les solutions à long terme envisagées pour endiguer le flot de papiers prennent la forme de boîtes en carton étiquetées. Créez votre propre système de classement selon la logique qui vous correspond le mieux. Tout système, même le plus simple, doit être pensé et dûment mis en place. La sagesse populaire dit qu'une activité répétée deux fois par jour pendant trois semaines devient une habitude. Vérifiez cette théorie en classant vos documents administratifs selon l'une des idées proposées dans ce chapitre, et attendez-vous à voir votre stress décliner en moins d'un mois.

Un porte-revues accueille des classeurs numérotés

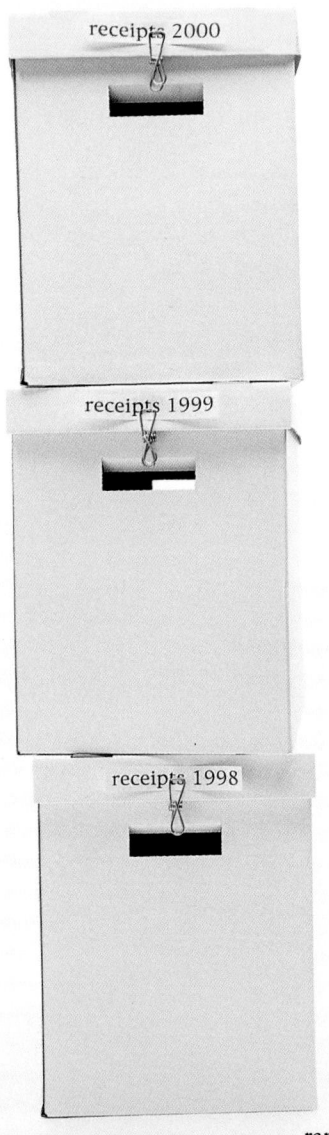

un fourre-tout
Fixez un échantillon du contenu d'une boîte en acier inoxydable à l'aide de ruban à masquer. Un crochet de boucher pourra servir à suspendre la boîte sous une étagère.

mise en boîte
Conservez et classez vos tickets de caisse dans des boîtes en carton empilables. Quelques pinces à dessin serviront à fixer les étiquettes descriptives sur le couvercle.

la main dans le sac
Un crochet à ventouse servira à suspendre un sac en papier kraft sur un réfrigérateur ou une surface en verre (ne fixez pas le crochet sur une surface peinte). Montez un œillet sur le sac afin qu'il ne se déchire pas.

pris au piège!
Fixez un piège à rat au mur à l'aide d'un pistolet à colle. Retirez le crochet afin qu'il ne vous claque pas sur les doigts, et utilisez la pointe pour piquer tous vos petits papiers.

rangements

les bricoles

N'importe quel coin bureau a son minimum de bric-à-brac : calculette, agrafeuse, ruban adhésif, Post-it, ciseaux, etc. Tous ces menus objets ont besoin d'être à portée de main, mais ne sont jamais là quand vous en avez besoin. Et rien n'est plus rageant que de ne pas pouvoir mettre la main sur ce que l'on cherche, notamment lorsqu'il s'agit de ces objets vitaux enfouis au fond des tiroirs ou dans la corbeille tressée au-dessus du réfrigérateur. À strictement parler, ils n'ont pas de place spécifique, et pourtant vous jureriez les avoir vus très récemment. Fusibles, punaises, pelotes de ficelle… des objets que l'on ignore jusqu'au jour où ils se révèlent indispensables. Identifiez-les et attribuez-leur un lieu de rangement : achetez des boîtes en acier inoxydable et remplissez-les de clous et vis ; rassemblez vos bouts de ficelle et vos punaises dans des minicageots ; faites d'une cocotte en étain votre boîte à couture ; rangez les trombones, les agrafes et les pinces dans des boîtes en plastique à couvercle ; ou utilisez une plaque de minifour comme plateau pour articles de bureau. Les petites choses prenant peu de place, elles sont les plus difficiles à retrouver. Tâchez de les dompter, et vous découvrirez bientôt que vos tiroirs de cuisine, rendus inutilisables par l'accumulation de babioles insignifiantes, sont d'une surprenante vacuité.

De vieilles boîtes métalliques étiquetées à l'aide d'élastiques larges

les porte-magazines

Des modèles standard s'achètent dans les boutiques d'articles de bureau. Ceux-ci ont été personnalisés avec des pièces de calicot. Collez-en une sur le devant de chaque boîte, et indiquez leur contenu au crayon.

la boîte à couture

Une boîte à pique-nique en acier rapportée de Thaïlande se transformera en boîte à couture multi-niveaux. Deux étages suffisent, mais les petites mains les plus férues pourront empiler jusqu'à six boîtes l'une sur l'autre.

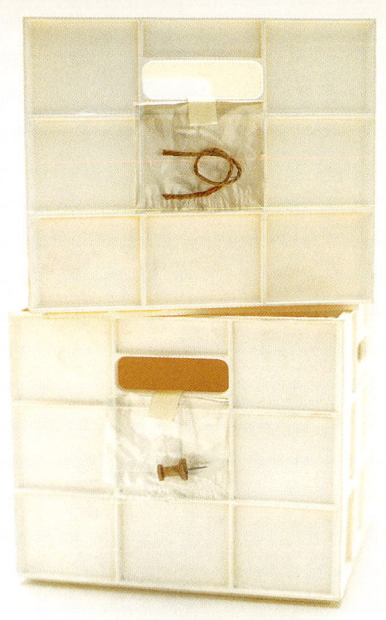

les minicageots

Les minicageots empilables, version bureau de leurs grands cousins, sont pratiques et solides et existent dans un vaste choix de couleurs. De petits sachets de cellophane fixés sur le devant révèlent leur contenu.

la boîte à ficelle

Convertissez une simple boîte en plastique en ingénieux porte-ficelle. Formez deux ouvertures en faisant un trou et en insérant un œillet dedans, puis tirez la ficelle ou le ruban selon vos besoins.

rangements

la salle de bains

l'ordre avant tout

Le rituel de la toilette revêt différents aspects selon les personnes. Certaines ne jurent que par les jets d'eau chaude puissants, les produits performants et un espace suffisant pour revigorer le corps et revitaliser l'esprit. Pour d'autres, le bain ou la douche sont des expériences détendantes et réconfortantes, une séance de paresse douillette où les huiles essentielles et les bougies parfumées ont leur rôle à jouer. Pour tous ces gens-là, l'environnement doit conjuguer le fonctionnel et l'esthétique. Aucune de ces deux approches ne saurait tolérer le désordre qui, dans un cas, entrave l'efficacité et l'hygiène et, dans l'autre, incarne le chaos et empêche la paix de l'esprit.
La salle de bains est une petite pièce dont nous attendons beaucoup : nous nous y lavons et maquillons, rangeons le linge et les serviettes, gérons les jouets d'enfants et les maillots de bain trempés et y accumulons toutes sortes de produits de beauté, d'entretien et de soin. Pour couronner le tout, la salle de bains est utilisée par tous les membres de la famille, et ce plusieurs fois par jour. L'évidence est là : la salle de bains doit être fonctionnelle et bien conçue. Aussi requiert-elle une esthétique cohérente, où la couleur des rangements se marie parfaitement aux coloris de la pièce. Les teintes et les matériaux naturels sont une valeur sûre : le bambou, le jonc tressé et le bois s'accordent très bien aux accessoires crème et blancs.

Un plateau étanche rassemble tous les produits indispensables

les paniers de rangement

Les paniers tressés existent dans toutes les tailles et s'utilisent pour ranger toutes sortes de choses, des accessoires pour cheveux aux bouteilles de shampooing.

le panier à bicyclette

Fixé à un mur ou posé sur un banc, ce vieux panier à bicyclette métallique est parfait pour recevoir de petites serviettes à main. On le trouve dans les brocantes.

le garde-manger recyclé
Ce garde-manger métallique peint fait office de mini-armoire en solo, ou de placard multirangement en association avec d'autres.

l'accroche-tout
Suspendez des pinces à un cordon utilisé plus conventionnellement pour les rideaux, et gardez les brosses, bondes et autres accessoires à portée de main en les fixant aux pinces.

rangements

un bon départ

Tout comme il est nécessaire de faire le tri dans sa garde-robe avant de la réorganiser, la salle de bains doit subir un inventaire rigoureux. On y trouve des produits capillaires à peine entamés et que l'on n'utilisera plus, des médicaments périmés et des lotions autobronzantes qui ne sont plus d'actualité. Jetez autant que vous le pouvez. Divisez les produits restants en deux groupes – les produits « à cacher » et les produits présentables – et décidez de la façon dont vous allez ranger les premiers. Pensez aux paniers en jonc tressé, aux vieux garde-manger métalliques ou aux boîtes en bambou. N'ayez pas peur d'acheter par lots : la répétition rend bien. Veillez toutefois à disposer de plusieurs gabarits, afin de pouvoir ranger les objets selon leur taille. Essayez et imaginez toutes les juxtapositions possibles. Un vieux panier à bicyclette peut être du meilleur effet rempli de serviettes blanches, tout comme les échelles en bambou. Les bocaux à confiture font d'excellents récipients pour les brosses, les paniers vapeur en bambou sont idéaux pour le savon, et les paniers tressés conviennent parfaitement aux rouleaux de papier toilette. Tout comme l'espace est une considération essentielle, l'accessibilité de certains produits est également à envisager. Pensez à mieux tirer parti des murs. Les magasins de nautisme vendent des systèmes de fil à étendre, sur lesquels vous pourrez suspendre vos brosses corporelles, vos savons et vos éponges, à proximité de la douche. Enfin, n'oubliez pas l'indispensable armoire à pharmacie. Vous trouverez dans n'importe quelle quincaillerie ou boutique d'objets pour la maison des armoires à clé toutes simples, que vous pourrez peindre en blanc et décorer d'une croix rouge.

Rangez votre savon dans un panier à vapeur asiatique

l'échelle à linge
Les serviettes propres pourront être joliment présentées, tout en étant aérées, sur les barreaux d'une échelle en bambou posée contre un mur.

le bambou fourre-tout
Des branches de bambou sectionnées forment des récipients parfaits pour les brosses à dents et les pinceaux de maquillage. Voilà un moyen très ingénieux d'utiliser un matériau naturel.

le panier tressé

Une bonne provision de papier toilette est utile. Procurez-vous un panier en jonc tressé suffisamment grand pour contenir une multitude de rouleaux.

la boîte à médicaments

Gardez vos médicaments et produits pharmaceutiques dans une boîte personnalisée. Vaporisez de peinture blanche une vieille boîte en fer et dessinez une croix rouge au pochoir.

rangements

les repas

la cuisine

La cuisine n'est plus simplement une pièce où l'on prépare les repas : elle est devenue le centre de la vie familiale. De nos jours, la séparation des fonctions qui caractérisait les différentes pièces de la maison s'est estompée, et la cuisine fait souvent office de salle à manger ou de salle de séjour. Cette pièce contient beaucoup plus d'objets que les autres : casseroles et poêles, mais aussi toutes sortes d'appareils et d'accessoires, du réfrigérateur-congélateur à l'ouvre-boîtes électrique, en passant par le robot ménager. Le rangement est ici essentiel, car c'est le seul moyen de créer un espace fonctionnel. Notre alimentation et les modes de préparation ont considérablement évolué ces dernières décennies, et aujourd'hui la cuisine doit être synonyme de vitesse, de fraîcheur et de commodité. Cela fait longtemps que le bocal de farine ne régente plus nos repas.

Il doit y avoir aussi de la place pour les feuilles de citronnier *kaffir*, le piment et l'ail. Un repas asiatique nécessite une planche à découper, un couteau aiguisé, de l'huile, du sel et du poivre, un *wok* et une cuillère en bois, sans oublier les bols, les baguettes et les serviettes. Et tous ces articles doivent être accessibles. Pour cela, il est important de trier les objets selon leur ordre d'importance. Les objets quotidiens et esthétiques formeront un groupe, et pourront être exposés ou placés à portée de main. Le deuxième groupe est constitué de ces objets que nous utilisons occasionnellement, et que l'on peut ranger dans les placards (évitez toutefois de disposer des objets lourds dans des placards bas, car ils seront plus gênants qu'autre chose). Enfin, n'oubliez pas que la préparation d'un repas ne peut se faire que dans un lieu parfaitement aménagé.

Une trousse d'artiste en bambou peut devenir un ingénieux porte-couverts

les paniers en osier
À défaut de tiroirs, utilisez des paniers en osier sans couvercle. Remplissez-les de torchons et de serviettes de table, puis inscrivez leur contenu sur des étiquettes de valise.

le porte-bouteilles en fil de fer
Cet insolite porte-bouteilles en fil de fer est parfait pour entreposer les bouteilles de vin et d'eau. De tels objets se trouvent dans les marchés et les brocantes.

le porte-couvercles

L'utilisation de l'espace mural est une forme de rangement très avisée. Les couvercles de casserole trouveront leur place dans ce rail en acier inoxydable, et resteront à portée de main.

des épices en tube

Donnez à votre cuisine un petit air de laboratoire. Les tubes à essai munis de bouchons de liège sont idéaux pour les épices. Conservez-les ensemble dans un bécher de laboratoire ou un verre en Duralex.

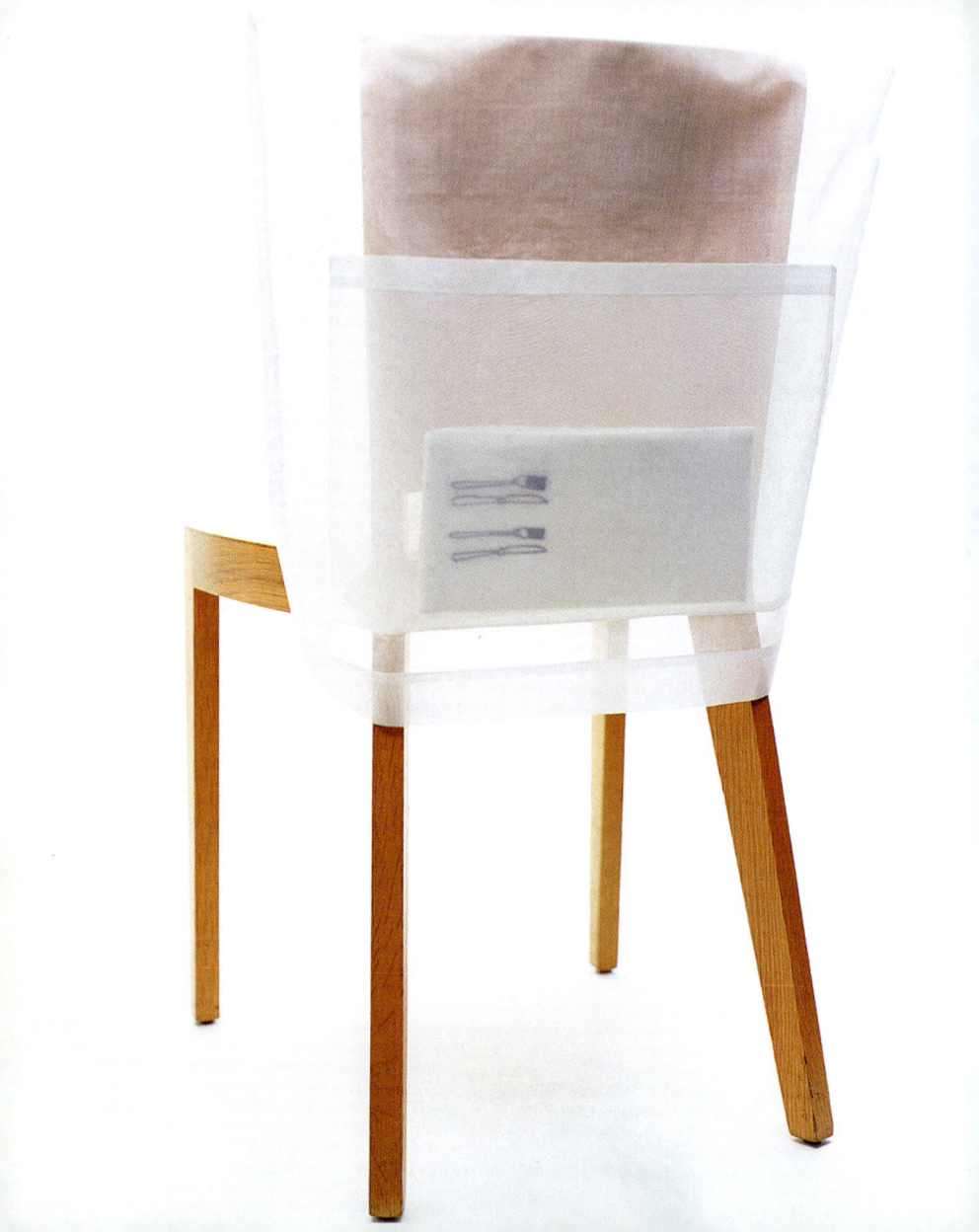

des idées nouvelles

Les suggestions des pages suivantes cherchent à tirer le meilleur parti des objets quotidiens. Sachez utiliser les murs et les plafonds en suspendant vos ustensiles à des crochets de boucher. L'aspect peut être minimaliste ou surchargé – les deux rendent très bien – et pourra être complété par des paniers d'osier ou de fil de fer suspendus, remplis d'herbes aromatiques. Les porte-couteaux magnétiques fixés en rangées sur un mur ont beaucoup d'impact visuel, et un rail à couvercles mettra fin à l'angoisse de ne pas trouver le couvercle adéquat pour une casserole spécifique. La cuisine accueillera aussi les objets intrus, tels que les tubes à essai pour les épices, les tiroirs de bureau pour les couverts, la table roulante du jardin pour les poêles et casseroles. L'inventivité est la clé des opposants au concept de « cuisine équipée ».

Tout comme les aliments, les repas ont évolué. Le traditionnel dîner à trois services s'est assoupli et, s'il est encore de rigueur, il a cédé le pas à une approche plus informelle de la nourriture, et ce qu'il soit partagé ou solitaire. Cela ne veut pas dire que les plateaux-télé ont définitivement supplanté le repas du soir… Notre mode d'alimentation actuel a ses principes et ses règles, mais ceux-ci sont plus souples. Un simple plateau recouvert d'une serviette joliment pliée, d'une cuillère, de baguettes et d'un copieux bol de nouilles est aussi valide que son équivalent traditionnel. Quelques solutions de rangement simples reflètent cette tendance. Un porte-bouteilles en fil de fer pour le vin ou l'eau, un panier vapeur en bambou pour les condiments asiatiques ou un panier rempli de serviettes de table traduisent ce désir de fonctionnalité qui intègre le rangement à nos rituels alimentaires quotidiens.

Une housse en organdi accueille dans sa poche serviette et couverts

un plateau alternatif

Un panier vapeur chinois constitue un plateau décoratif pour les condiments asiatiques. Les éventuelles coulures seront absorbées par le bambou.

suspensions

Un tasseau muni de crochets de boucher est idéal pour suspendre les ustensiles de cuisine et les paniers d'ail et de piment. Il peut être aussi long que la cuisine le permet.

le deuxième bureau

Les articles de bureau fonctionnent très bien dans la cuisine. Ici, un porte-couverts a été inséré dans un tiroir de bureau et étiqueté en conséquence.

les bocaux en verre

Ces bocaux chirurgicaux existent dans toutes les tailles et ne demandent qu'à être remplis et exposés. Peu coûteux, ils sont en outre complètement hermétiques.

en bande

Les porte-couteaux magnétiques autrefois réservés à ce seul usage peuvent aussi supporter toutes sortes de couverts en acier. Achetez-en plusieurs et utilisez-les pour les couteaux, fourchettes et cuillères.

les bocaux empilables

Ces bocaux carrés en verre résistant sont faciles à empiler. Découpez l'étiquette dans le paquet d'origine et vous ne vous tromperez plus sur leur contenu.

une coupe percée

Qu'est-ce qu'un compotier qui n'est pas un compotier ? Une passoire. Les objets de cuisine multifonctionnels trouvent toujours un usage, comme cette élégante vieille passoire en guise de coupe à fruits.

la serviette pliée

Pliée et insérée dans une poche, une serviette de table devient un porte-couverts ou un porte-baguettes tout naturel. Inspirez-vous de cette idée pour votre prochain dîner entre amis.

rangements

le ménage

les tâches domestiques

Le ménage est une des nécessités de la vie. En l'organisant de façon rationnelle et pratique, il peut être très rapide. Mais pour cela, le matériel de base doit être à portée de main. Quelques articles pourront être exposés à la vue mais, soyons réalistes, mieux vaut toujours cacher les produits d'entretien. S'il ne vous est pas possible de les dissimuler, essayez de transvaser les produits liquides dans de jolies bouteilles anciennes (à maintenir toutefois hors de portée des enfants), ou versez le contenu de paquets disgracieux dans des récipients en fer-blanc.

Suspendus dans les placards, les balais et les serpillières restent hors de la vue et n'encombrent pas le sol. Cette idée de rangement s'applique aussi à toutes sortes d'objets : sacs en plastique, chiffons à poussière et seaux. Cette méthode présente également l'avantage d'assurer un séchage rapide aux chiffons et aux serpillières.

La tendance actuelle en matière d'équipement ménager est le bois et l'aluminium. Cela offre toutes sortes de possibilités, même les plus économiques, de la boîte de conserve débarrassée de son étiquette à la poubelle à roulettes de style industriel. Les poubelles doivent tenir compte du recyclage. Achetez-les par paire et utilisez-en une pour les bouteilles et le papier.

Transformez une boîte à appâts en porte-pinces à linge, ou recyclez une chaussette en laine en nécessaire à cirage. Un seau en aluminium retrouvera une nouvelle jeunesse grâce à un système de poche en calicot qui accueillera les outils de jardinage, le matériel d'entretien ou des ustensiles. Le lavage du linge peut également bénéficier de l'espace mural : une série de sacs à linge à cordon permettra de différencier le blanc de la couleur.

Un fourre-tout en calicot fait main a été fixé à un seau ordinaire en aluminium

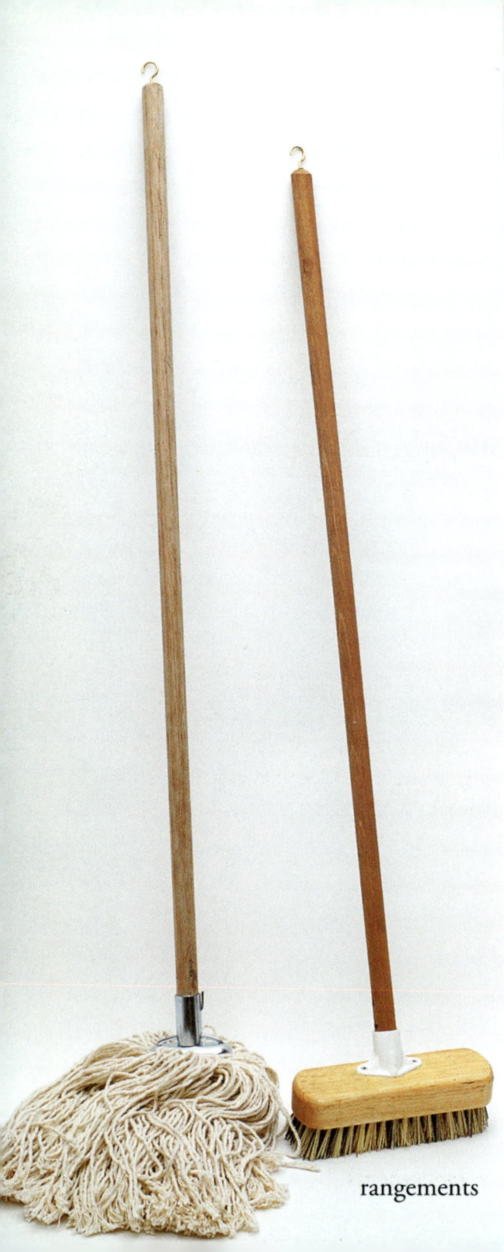

verre et acier

Les produits d'entretien s'accommoderont parfaitement d'un rangement design : les boîtes en acier inoxydable et les flacons rétro offrent une touche « clinique » très appropriée.

brosses et serpillières

Cachez les brosses et les serpillières en fixant des crochets au bout des manches et en les suspendant dans un placard ou sur un mur de buanderie.

un bas de laine

Cousez une boucle de toile à sangle sur une chaussette et remplissez-la de boîtes à cirage, de chiffons et de brosses. Suspendez-la à l'intérieur d'un placard pour un accès facile.

les pinces à linge

Une vieille boîte à appâts en osier est idéale pour ranger fil et pinces à linge. La texture tressée empêche l'eau de pluie de pénétrer à l'intérieur.

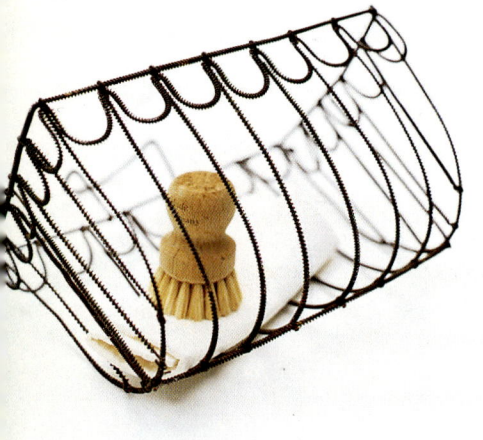

un cadre en fer

Conçu tout spécialement pour être suspendu contre la baignoire, ce cadre décoratif en fil de fer est également parfait contre le lavabo de la buanderie. La brosse à récurer et la lavette restent ainsi à portée de main.

les sacs à linge

Achetez ou confectionnez de simples sacs à cordon et suspendez-les sur le mur de la buanderie. Étiquetez-les selon leur contenu : blanc, couleurs et lavage délicat.

vive le fer-blanc
Les boîtes de conserve en fer-blanc forment des solutions de rangement pratiques et économiques. Utilisez-les en solo pour les ustensiles de nettoyage, ou en série pour les pinceaux ou vis et clous d'un atelier.

la poubelle roulante
Une grande poubelle à roulettes en aluminium servira non seulement dans la cuisine mais aussi dans le coin bureau, où de nombreux papiers attendent d'être recyclés. À moins que vous ne souhaitiez la remplir de glace afin d'y nicher quelques bouteilles pour vos soirées…

la chambre

La chambre est notre espace le plus personnel, l'endroit où nous nous ressourçons. C'est en conséquence un lieu assez propice au désordre. À la fin de la journée, nous n'avons souvent plus assez d'énergie pour ranger les vêtements, débarrasser le plateau du petit déjeuner ou remettre en place les journaux du week-end. Au lieu d'être un havre de paix et de revitalisation, la chambre devient ainsi un espace désorganisé qui accroît plutôt qu'il n'apaise notre niveau de stress. La chambre étant devenue un endroit multifonctionnel, le temps que l'on y passe augmente d'autant. Le lit n'est plus réservé au sommeil mais sert aussi à écouter de la musique, à regarder la télévision, à manger et même à travailler. Avec toutes ces possibilités, il devient difficile de maintenir l'environnement serein et dépouillé que l'on attend d'une chambre. Le rangement permet de simplifier les choses. Des sacs en toile sur toute la largeur du lit, cousus à une bande de tissu insérée entre le matelas et la base, serviront à garder les livres. Des meubles de rangement bas et mobiles accueilleront des papiers et un ordinateur portable, que l'on pourra glisser sous le lit. Des malles en cuir, où l'on rangera les couvertures, serviront aussi de tables de chevet. Il est important de décider ce dont vous avez besoin et de trouver un emplacement adéquat.

Un lit est sujet à des changements saisonniers, et il faudra trouver une solution de rangement pour les draps et couvertures inutilisés. Roulez vos couettes d'hiver dans des paniers d'osier, ou empilez les draps dans des boîtes à ranger sous le lit. Si elles sont visibles, assurez-vous que les boîtes sont esthétiques. Pour ranger toutes ces petites choses qui traînent sur nos tables de chevet – épingles à nourrice, étiquettes diverses et pièces de monnaie –, procurez-vous une série de récipients à remplir, et pensez à donner vos pièces jaunes à une œuvre de charité.

Une poche latérale en calicot accueille les magazines et les livres sur le bord du lit

place aux pyjamas

Une pièce de coton rectangulaire, assortie au tissu de la taie d'oreiller, a été cousue sur la taie pour faire un sac à pyjama.

double fonction

Un bel objet artisanal comme ce coffre en cuir peut faire office de table de nuit. De plus, il garde les papiers et les revues bien à l'abri.

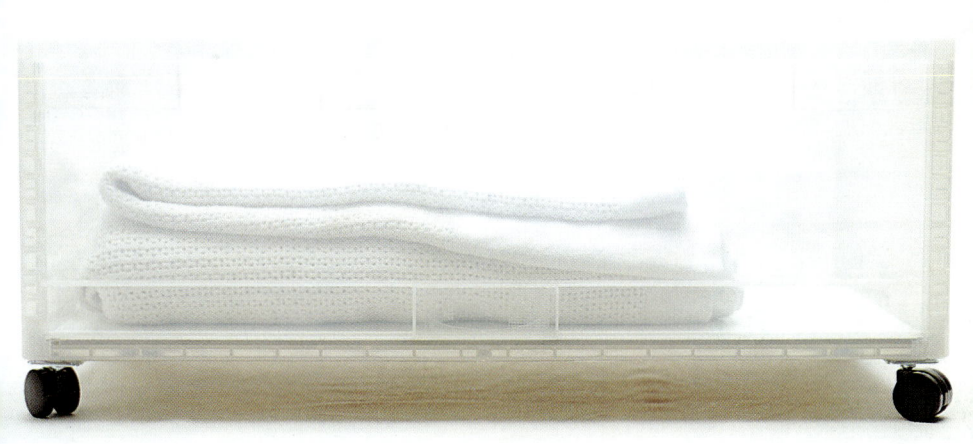

une boîte mobile
Des roulettes ont été fixées à une grande boîte en plastique pour créer un chariot à glisser sous le lit dès que l'on n'en a plus besoin.

les couettes
Un grand panier en bambou est idéal pour ranger joliment vos couettes d'hiver, vos couvertures et vos draps de rechange. Le tressage ajouré permet d'aérer les articles entreposés.

rangements

le rangement des jouets

Certains des objets les plus difficiles à ranger sont les jouets d'enfants. Rien, en effet, ne prépare à l'avalanche de plastique et à la multitude de petites pièces dont les jeux et les jouets sont composés. La tâche est de taille, mais efforcez-vous de trier, jeter et donner les jouets qui ne sont plus utilisés. Les enfants aiment avoir leurs jouets à portée de main, et les solutions les plus simples leur conviendront parfaitement. De longues et larges étagères sont idéales pour stocker les boîtes et les livres. Dans les petits espaces, pensez aux possibilités de superpositions.

Les lits superposés sont aujourd'hui agrémentés de meubles de rangement très pratiques. Une autre solution consiste à surélever un lit pour former une plate-forme et utiliser l'espace en dessous pour y encastrer des placards ou des étagères. Tout système qui encourage l'enfant à ranger ses jouets est une victoire : de grands sacs à cordon pour les déguisements, des boîtes à outils en plastique pour la collection de Lego, des bocaux à confiture pour les crayons de couleur et les feutres, ou encore des boîtes en carton colorées pour les puzzles et les jeux. Transformez les sacs en calicot en sacs à jouets, que vous suspendrez près du lit pour un accès immédiat de nuit comme de jour.

Un sac retourné et personnalisé avec des lettres en feutrine devient un sac à jouets

Index

armoires à pharmacie, 49, 51
bambou, 49, 50, 54, 59, 60
bocaux, 61, 62
boîte à couture, 38, 40
boîte à ficelle, 41
boîtes en acier, 36, 38
boîtes en cuir, 74, 76
bureau, 30-41
chambre, 74-77
chaussures, 22, 25, 27
classeurs, 13, 30, 33, 35
compotier, 63
couettes, 74, 77
cubes, 17, 18
cuisine, 54-63
échelles, 15, 50
fer-blanc, 66, 71
fil de fer, 49, 56, 59, 70
garde-robe, 20-27
herbier, 12
housse, 17, 59
jouets, 79
linge, 66, 69, 70
magazines, 17, 18, 40, 74
médium (MDF), 17, 18, 32
ménage, 64-71
meubles mobiles, 18, 25, 27, 30, 32, 74, 77
minicageots, 38, 41
osier, 56, 59, 69, 74
paniers, 46, 49, 51, 56, 59, 60, 69, 74
pinces, 16, 24, 69
plateaux, 18, 33, 59, 60
porte-bouteilles, 56
porte-cartes postales, 16, 19
porte-couvercles, 57
porte-cravates, 27
porte-crayons, 32
porte-épices, 57
porte-revues, 13
poubelles, 66, 71
range-CD, 17, 19
repas, 52-63
sac à pyjama, 76
salle de bains, 42-51
serviettes de table, 63
suspension, 59, 60, 66, 68
vêtements, 22, 24-27

© 2000 pour les textes : Murdoch Books®
© 2000 pour les photos : Hugh Stewart
© 2000 pour le design : Murdoch Books®, a division of Murdoch Magazines Pty Ltd, Jones Street, Ultimo NSW 2007, Australie

Murdoch Books® est une marque déposée de Murdoch Magazines Pty Ltd.

Tous droits réservés. Aucune partie de ce livre ne peut être reproduite sous quelque forme ou par quelque moyen électronique ou mécanique que ce soit, y compris des systèmes de stockage d'information ou de recherche documentaire, sans l'autorisation écrite de l'éditeur.

Titre original : *marie claire style – storage*

© 2001 pour l'édition française :
Könemann Verlagsgesellschaft mbH
Bonner Str. 126
D-50968 Cologne

Traduction de l'anglais : Delphine Nègre
Réalisation : Cosima de Boissoudy, Paris
Relecture : Élizabeth Mascarel
Coordination éditoriale : Sophie Gresse

Impression et reliure :
Star Standard Industries Ltd.
Imprimé à Singapour

ISBN 3-8290-7256-2

10 9 8 7 6 5 4 3 2 1